BEI GRIN MACHT SICH IHR WISSEN BEZAHLT

- Wir veröffentlichen Ihre Hausarbeit, Bachelor- und Masterarbeit

- Ihr eigenes eBook und Buch - weltweit in allen wichtigen Shops

- Verdienen Sie an jedem Verkauf

Jetzt bei www.GRIN.com hochladen und kostenlos publizieren

Stefanie Wallner

Aggressivität im Alltag einer Heimgruppe - Aggressionen erkennen und bewältigen

GRIN Verlag

Bibliografische Information der Deutschen Nationalbibliothek:

Die Deutsche Bibliothek verzeichnet diese Publikation in der Deutschen National-
bibliografie; detaillierte bibliografische Daten sind im Internet über http://dnb.d-
nb.de/ abrufbar.

Dieses Werk sowie alle darin enthaltenen einzelnen Beiträge und Abbildungen
sind urheberrechtlich geschützt. Jede Verwertung, die nicht ausdrücklich vom
Urheberrechtsschutz zugelassen ist, bedarf der vorherigen Zustimmung des Verla-
ges. Das gilt insbesondere für Vervielfältigungen, Bearbeitungen, Übersetzungen,
Mikroverfilmungen, Auswertungen durch Datenbanken und für die Einspeicherung
und Verarbeitung in elektronische Systeme. Alle Rechte, auch die des auszugsweisen
Nachdrucks, der fotomechanischen Wiedergabe (einschließlich Mikrokopie) sowie
der Auswertung durch Datenbanken oder ähnliche Einrichtungen, vorbehalten.

Impressum:

Copyright © 2008 GRIN Verlag GmbH
Druck und Bindung: Books on Demand GmbH, Norderstedt Germany
ISBN: 978-3-640-62143-9

Dieses Buch bei GRIN:

http://www.grin.com/de/e-book/135888/aggressivitaet-im-alltag-einer-heimgruppe-
aggressionen-erkennen-und-bewaeltigen

GRIN - Your knowledge has value

Der GRIN Verlag publiziert seit 1998 wissenschaftliche Arbeiten von Studenten, Hochschullehrern und anderen Akademikern als eBook und gedrucktes Buch. Die Verlagswebsite www.grin.com ist die ideale Plattform zur Veröffentlichung von Hausarbeiten, Abschlussarbeiten, wissenschaftlichen Aufsätzen, Dissertationen und Fachbüchern.

Besuchen Sie uns im Internet:

http://www.grin.com/

http://www.facebook.com/grincom

http://www.twitter.com/grin_com

FACHARBEIT

„Aggressivität im Alltag einer Heimgruppe – Aggressionen erkennen und bewältigen"

I. Einleitung

1. Hinführung zum und Begründung des Themas

Warum sind Kinder aggressiv? Woher kommt dieses Verhalten? Was ist eigentlich aggressives Verhalten? Und was können die Kinder, aber auch die Erziehungspersonen tun, um ihre Aggressionen angemessen zu bewältigen und richtig mit ihnen umzugehen oder sie gar nicht erst entstehen zu lassen? Man könnte die Liste der Fragen, welche um den Begriff der „Aggressionen" entstehen, beliebig erweitern. Während meines bisherigen Berufspraktikums in einem Ingolstädter Heim für Kinder und Jugendliche bin ich schon oft auf Aggressionen im Alltag gestoßen und habe mir diese und andere Fragen immer wieder und öfter gestellt. Das Thema meiner Facharbeit habe ich gewählt, um diesen Fragen auf den Grund zu gehen. Mir ist aufgefallen, dass die Gruppenkohäsion und die Entwicklung der Gruppe unter den ständigen Konflikten zwischen den Gruppen-mitgliedern, leiden. Die Aggressionen, die täglich in der Praxis auftreten, sollen erkannt und gezielt abgebaut werden, um das Gruppenklima zu verbessern.

2. Eingrenzung des Themas und Schwerpunktsetzung

Bei meiner Arbeit möchte ich mich auf das eigene Erkennen von Aggressionen und die Bewältigung dieser beschränken. Der Schwerpunkt liegt hierbei darauf, dass den Kindern ihre Aggressionen bewusst werden sollen (Was ist aggressives Verhalten? Wann und warum bin ich aggressiv?) und sie Wege kennenlernen sollen, mit diesen angemessen umzugehen (was kann ich tun, um meine Aggressionen abzubauen oder sie angemessen auszuleben?).

3. Aufbau der Arbeit

Der Praxisteil meiner Facharbeit ist ein ca. 6-wöchiges Projekt mit dem Thema „Aggressionen – Aggressionsbewältigung", welches ich mit der Gesamtgruppe, bestehend aus 10 Mädchen zwischen 12 und 18 Jahren, durchführe. Der theoretische und praktische Teil dieser Arbeit sollen sich fließend ergänzen. Nach jedem Theorieteil gebe ich einen Einblick, wie ich das theoretische Wissen praktisch mit der Gruppe erarbeitet habe. Zu Beginn möchte ich jedoch zunächst die aktuelle Situation und das vorliegende Problem in der Heimgruppe schildern, welches mich zum Schreiben dieser Arbeit inspiriert hat und ich werde die genauen Ziele meiner Facharbeit benennen. Anschließend werde ich auf den Begriff der „Aggressionen" eingehen. Ich möchte die Schwierigkeit, diesen Begriff zu definieren, darstellen und verschiedene Definitionen anführen. Danach folgt die Beschreibung, wie ich den Begriff praktisch mit der Gruppe erarbeitet habe. Im zweiten Teil gehe ich auf die Frage, wie Aggressionen entstehen, ein. Ich stelle die psychologischen Entstehungstheorien dar und führe dazu praktische Beispiele aus der Praxis an. Außerdem zeige ich weitere Ursachen für die Entstehung aggressiven Verhaltens, sowie Beispiele dafür aus der Praxis auf und beschreibe die praktische Durchführung in der Gruppe mit dem Thema: „Auslöser für Wut und Aggressionen erkennen". Im nächsten Abschnitt gehe ich auf die verschiedenen Arten der Aggressionen ein und beschreibe wie sich diese in der Praxis äußern. Der letzte Punkt meiner Arbeit beinhaltet die Aggressionsbewältigung. Ich führe verschiedene Methoden der Aggressionsbewältigung, sowie die Durchführung dieser in der Praxis, auf. Außerdem gebe ich eine kurze Übersicht darüber, was Erzieher in der täglichen Arbeit tun können, um Aggressionen in der Gruppe vorzubeugen. Der Schlussteil umfasst die Zusammenfassung und die Reflexion des Projekts.

II. Hauptteil

1. Problemstellung

Die Zielgruppe der heilpädagogisch-orientierten Jugendhilfe-einrichtung, in der ich mein Praktikum mache, sind Kinder und Jugendliche zwischen 6 und 18 Jahren und ihre Eltern und Familien, deren derzeitige Situation und Problemlage eine ausreichende Erziehung und Versorgung der Kinder nicht gewährleistet. Das heißt u.a., dass die Kinder aus sogenannten „zerrütteten Lebensverhältnissen" kommen, was zum Beispiel in dem Vorhandensein einer Suchtproblematik eines oder beider Elternteile besteht, die zu Gewalttätigkeiten und Misshandlung gegenüber dem Kind oder dem Partner führt. In vielen Fällen sind die Kinder bereits selbst aggressiv oder gewalttätig anderen oder sich selbst gegenüber geworden. Dies äußert sich im Gruppenalltag meistens durch verbale Aggressionen. Die Kinder schreien sich gegenseitig, oder aber auch die Erzieher, an und sie betiteln sich gegenseitig mit Schimpf-wörtern. Immer öfter kommt es in der Gruppe auch zu körperlichen Aggressionen (die Mädchen schlagen zu), sowie zu Autoaggressionen (Selbstverletzung z.B. durch Ritzen). Ein schwerwiegendes Problem hierbei ist, dass die Mädchen ihre Aggressionen nicht richtig wahrnehmen und diese für sie bereits normal geworden sind.

Sie wissen oft nicht warum sie aggressiv sind und kennen keine Wege richtig mit diesem Gefühl umzugehen. Dies konnte ich u.a. an folgenden Aussagen der Jugendlichen erkennen: „Lass mich in Ruhe, ich bin gerade aggressiv!" oder „Ich habe das gemacht um meine Aggressionen raus zulassen!".

2. Zielsetzung

Die Jugendlichen sollen den Begriff „Aggressionen" kennenlernen und ihn richtig einsetzen, d.h. sie sollen erkennen: Wann bin ich aggressiv und warum? Wie fühlen sich Aggressionen an und was kann ich dagegen tun? Wie kann ich Aggressionen positiv bewältigen und ausleben, ohne andere oder mich selbst dabei zu verletzen? Den Jugendlichen sollen ihre Aggressionen bewusst gemacht werden und sie sollen sie selbst erkennen und einschätzen können. Mein Ziel ist es außerdem, dass die Mädchen Methoden zur Aggressions-bewältigung kennenlernen, eine geeignete

Methode für sich auswählen und diese dann später selbstständig anwenden. Aggressionen im Alltag sollen vermindert und somit das Gruppenklima verbessert und das alltägliche Zusammenleben harmonischer gestaltet werden.

3. Der Begriff „Aggressionen"

3.1. Schwierigkeiten der genauen Definition des Begriffs „Aggressionen"

Grundsätzlich ist es nicht möglich festzuhalten, welche Verhaltensweisen aggressiv sind, sondern nur, welche wir aggressiv nennen. Dies gilt auch für Definitionen aus dem wissenschaftlichen Bereich. Die Unterschiede im individuellen Begriffsverständnis sind vielfältig. Auch wenn in der Alltagswelt eine weitgehende Übereinstimmung darüber zu bestehen scheint, was im menschlichen Verhalten als aggressiv gilt, gibt es wissenschaftlich keine eindeutige und allumfassende Definition des Begriffs Aggression. Aggressivität ist ein sehr komplexes Phänomen und „ein unscharfer Sammelbegriff für ein großes Spektrum von Gefühlsäußerungen und Verhaltensweisen…" (Sommerfeld, 1996, S.55)

3.2. Definition: „Aggression"

Aggression leitet sich von dem lateinischen Verb „ad-gredi" ab, was die Bedeutung „sich nähern", „mutiges Draufzugehen" hat. (vgl. Huber, 1995, S.10). Der ursprüngliche Begriff bezeichnet somit ein prosoziales Verhalten, während der Begriff heute meist negativ besetzt wird. Auch in der wissenschaftlichen Aggressionsforschung gibt es keine einheitliche Definition des Begriffs; aus diesem Grund existieren unterschiedliche Definitionen: Der Duden gibt für Aggression eine völker-rechtliche und eine psychologische Definition. „1. rechtswidriger Angriff auf ein fremdes Staatsgebiet, Angriffskrieg. 2. (Psychol.) a) [affektbedingtes] Angriffsverhalten, feindselige Haltung eines Menschen od. eines Tieres mit dem Ziel, die eigene Macht zu steigern oder die Macht des Gegners zu mindern…" (Duden – Das Fremdwörterbuch 8.Auflage, 2005). Nolting fasst die verschiedenen Aspekte des Begriffs Aggression so zusammen: Aggression ist ein „…Verhalten, das darauf gerichtet ist, andere Individuen zu schädigen oder ihnen wehzutun" (Nolting, 2005, S.15) und im Hobmair steht geschrieben: „Unter Aggression versteht man alle

Verhaltensweisen, die eine direkte oder indirekte Schädigung von Organismen und/oder Gegenständen beabsichtigt." (Hobmair, Altenthan, Betscher-Ott, Dirrigl, Gotthardt, & Ott, 2003). Es ist ersichtlich, dass es nicht möglich ist, eine einheitliche Definition für den Aggressionsbegriff zu finden. Jedoch scheint es mir sinnvoll festzuhalten, und da bin ich einer Meinung mit Nolting, dass es einen gemeinsamen Kern in allen Definitionen gibt: Aggression umfasst drei Merkmale a) Schaden, b) Intention und c) Normabweichung (vgl. Nolting, 2005, S.14).

3.3. Praktische Erarbeitung des Begriffs „Aggression" in der Gruppe

Als Ausgangspunkt und zugleich Einleitung des Projekts teilte ich der Gruppe meine Beobachtungen der letzten Wochen, d.h. die auftretenden Aggressionen im Gruppenalltag, mit. Als Ziel des Projekts definierten wir, den Begriff „Aggression" besser kennenzulernen und einen Einblick in verschiedene Methoden zur Aggressionsbewältigung zu bekommen, um dadurch langfristig die Aggressionen im Gruppenalltag abzubauen.

Zunächst definierte jeder Einzelne für sich auf einem Blatt Papier, was er unter Aggression versteht und gegen wen oder was sich Aggressionen richten können. Ich wollte sehen, auf welchem Wissensstand die Mädchen sich befinden und ob sie erkennen, dass sich Aggressionen auch gegen Tiere, Gegenstände und sich selbst richten können. Den Mädchen fiel es sichtlich schwer einen ganzen Satz zu formulieren, sie notierten einzelne Wörter z.B. Stress, Schreien, Schlagen, Wut usw. Um aufzuzeigen, dass Aggression ein sehr subjektiver Begriff ist und jeder darunter etwas anderes versteht, folgte diese Übung: Die Mädchen zogen einen Zettel auf dem eine mehr oder weniger aggressive Handlung stand (z.B.: „ein Mädchen sagt zu ihrer Erzieherin ‚Du Nutte!'", „ein Junge sprüht ein Graffiti an die Hauswand des Heims.", „ein Autofahrer rast mit Tempo 50 durch eine Spielstraße." , usw. Auf einer Einschätzungsskala von 1 bis 10 (1 = nicht aggressiv, 10 = sehr aggressiv) ordneten die Mädchen ihre Aussage ein und die anderen gaben ihre Einschätzung zum selben Verhalten. Auffällig bei dieser Übung war, dass über die Hälfte der Aussagen bei 1 abgelegt wurden und keine bei 10. Ich gehe davon aus, dass die Mädchen folglich keine realistische Aggressionswahrnehmung haben und sehr abgehärtet gegenüber aggressiven Verhaltensweisen sind. Für die Weiterarbeit innerhalb des Projekts sehe ich es daher als notwendig, die Jugendlichen für Aggressivität zu sensibilisieren. Im Alltag werde ich sie auf ihre aggressiven Handlungen oder Äußerungen aufmerksam machen und fragen, auf welche Aggressionsstufe sie sie einordnen würden. Ich sage ihnen auch, auf welche Stufe ich ihre Handlung oder Äußerung einordnen würde. Als Abschluss des ersten Teils, suchten die Mädchen in Kleingruppen verschiedene Definitionen des Begriffs „Aggression" aus Fachbüchern heraus und die Gesamtgruppe suchte Gemeinsamkeiten in allen Definitionen, so dass zum Schluss eine allgemeine Definition auf ein großes Plakat geschrieben werden konnte, welches wir im Flur der Gruppe auf hingen. Den meisten Jugendlichen wurde zum ersten Mal vor Augen geführt, was Aggression eigentlich ist und was der Begriff bedeutet. Viele hatten das Wort zuvor verwendet, ohne die genaue Bedeutung zu kennen. Im Projektverlauf sollen noch weitere Plakate und Anschauungs-material zum Thema folgen, damit am Ende ein Gesamt-wandbild entsteht, welches als Dokumentation sowie auch als Erinnerung des Projekts dienen soll.

4. Arten von Aggressionen und wie sie sich in der Praxis äußern

4.1. Körperliche – verbale - symbolische Aggressionen

Man kann zunächst zwischen körperlichen, verbalen und symbolischen Aggressionen unterscheiden:
Körperliche Aggression ist die direkte, körperliche Schädigung einer Person oder eines Gegenstandes.
Ich betrachte körperliche Aggression als körperliche Gewalt. *Im Gruppenalltag tritt diese Art von Aggressionen z.B. in Form von anrempeln, am Arm packen, Gegenstände auf den Boden schmeißen usw. auf. So hat z.B. J. aus Wut schon einmal die Haustüre eingetreten und T. hat J. daraufhin eine Ohrfeige gegeben.*
Verbale Aggressionen passieren ohne Berührungen und treten z.B. in Form von abfälligen Bemerkungen, Beleidigun-gen, Schimpfen und Drohen auf. Sie haben die persönliche Herabsetzung des Gegenübers zum Ziel. Verbale Aggressionen kommen in der Gruppe täglich vor. Ich habe das Gefühl, dass sie bereits so normal geworden sind, dass es einige Jugendliche nicht mehr berührt, wenn sie von anderen beleidigt werden. Ich betrachte es daher als wichtig, den Mädchen

aufzuzeigen, dass Aggression nicht gleich körperliche Gewalt ist. Sie müssen lernen, dass bereits eine Beschimpfung eine starke Aggressionsäußerung ist. **Symbolische Aggression** geschieht nonverbal und ohne körperliche Berührung. Sie äußert sich in Form von abfälligen Handbewegungen, Gesten und Gebärden. *In der Gruppe kann ich oft beobachten, dass sich der Mittelfinger gezeigt wird oder aber auch dem Gegenüber mit der Faust gedroht wird.*

4.2. Offene und verdeckte Aggressionen

„Mit **offen-gezeigter Aggression** bezeichnet man jede offen und erkennbar – auch für den Gegner erkennbar – ausgetragene Aggression" (Petermann & Petermann, 1995, S. 5). Dies äußert sich in der Praxis durch, wie oben beschrieben, körperliche, verbale, und symbolische Äußerungen.

„Die **verdeckt-hinterhältige Aggression** kennzeichnet gezielt Aggression, die vom Gegenüber nicht erkannt bzw. nicht unmittelbar erkannt wird und den Gegner in einer ungünstigen Situation trifft [...]." (Petermann & Petermann, 1995, S. 5). *Verdeckte Aggressionen äußern sich in der Gruppe größtenteils durch Lästereien oder dadurch, dass Gerüchte über Einzelne in die Welt gesetzt werden.*

4.3. Direkte und indirekte Aggressionen

„Von einer **direkten Schädigung** spricht man, wenn das Objekt, auf das sich die aggressive Verhaltensweise richtet, selbst Gegenstand der Schädigung ist, von einer **indirekten Schädigung,** wenn das Objekt nicht selbst Gegenstand der Schädigung ist." (Hobmair, Altenthan, Betscher-Ott, Dirrigl, Gotthardt, & Ott, 2003, S. 174). *T. hatte eine große Wut auf J.. Sie hat sie geschlagen und somit direkte Aggression gezeigt. J. war wütend auf die Erzieher, hat diese aber nicht selbst geschädigt, sondern ihre Wut an etwas anderem (der Tür) ausgelassen. Sie zeigte in diesem Fall indirekte Aggressionen.*

4.4. Autoaggressionen

Alle bisher beschriebenen Aggressionsarten wenden sich gegen andere Personen oder Gegenstände.

Autoaggressionen hingegen sind nach innengewandte Aggressionen, also Aggressionen gegen die eigene Person. Autoaggression kann verschiedene Formen annehmen: z.b. Nägelkauen, Haare ausreißen, Ritzen usw. *In unserer Gruppe war T. lange Zeit davon betroffen. Wenn sie wütend, frustriert oder traurig war, fügte sie sich durch Ritzen mit Messer oder Rasierklinge in Arme, Beine, Brust usw. selbst schwerste Verletzungen zu.*

4.5. Akzeptierte und antisoziale Aggressionen

Unter **antisoziale Aggressionen** fallen alle bislang diskutierten Aggressionsformen. Sie entsprechen nicht unserer Wertegesellschaft und sollen im Gruppenalltag möglichst abgebaut und vermindert werden. Lediglich **akzeptierte Aggressionen**, jene die man z.B. bei einem Kampfsport entwickelt, sind in der Gesellschaft anerkannt und können sich positiv auf das weitere Lebens auswirken.

5. Wie Aggressionen entstehen und woher sie kommen

5.1. Psychologische Entstehungstheorien

Die Entstehung von Aggressionen beschäftigt die Menschen schon seit Urzeiten, doch erst Freud gelang es einen ersten deutlichen Einschnitt vorzunehmen. Von da an kristallisierten sich dann mehr und mehr einige wesentliche Aggressions-Entstehungs- Theorien in Anlehnung und/oder Widerspruch der Freudschen Theorie heraus. Heute sind vor allem *4 Haupttheorien* zu benennen:

- Die Triebtheorie nach Freud
- Die Instinkttheorie nach Konrad Lorenz
- Die Frustrations-Aggressions-Hypothese nach
Dollard et al
- Die Lerntheorie nach Bandura

a. <u>Triebtheorie (nach Siegmund Freud)</u>

Freud geht davon aus, dass Aggression ein angeborener Trieb sei. Von Geburt an besäße der Mensch einen Lebens-, sowie einen Todestrieb. Der Lebenstrieb sorge für Energie, Wachstum und Überleben, der Todestrieb hingegen strebe nach Selbstzerstörung der Individuen. Aggression sei somit eine Form des Todestriebes. Aggressionen könne man also auch nicht abschaffen oder aberziehen und solle deshalb konstruktiv ausgelebt werden, um eine „Explosion" zu vermeiden. Die Theorie ist umstritten, da ein solcher Todestrieb nicht nachgewiesen werden kann (vgl. Psychologieunterricht 2.Kurs). Somit kann für diese Theorie kein Praxisbeispiel aufgezeigt werden.

b. *Instinkttheorie (nach Konrad Lorenz)*

Lorenz behauptet, Aggression sei auf einen Instinkt zurück-zuführen. Auf der Grundlage von Tierbeobachtungen stellte er die Behauptung auf, Aggression sei eine spontane innere Bereitschaft zum Kampf, die für das Überleben eines Organismus entscheidend sei. Die ständig neugebildete Aggressionsenergie würde durch Umweltreize entladen werden. Blieben solche Reize aus, würden Aggressionen ohne erkennbaren Reiz ausgelöst werden. Auch diese Theorie ist fraglich, da bewiesen wurde, dass der Mensch ein instinktarmes Wesen ist (vgl. Psychologieunterricht 2.Kurs). Daher lässt sich auch für diese Theorie kein Beispiel aus der Praxis finden.

c. *Frustrations-Aggressions-Hypothese*
(nach Dollard et al)

John Dollard formulierte zusammen mit einer Gruppe aus bedeutenden Psychologen der Yale Universität, Aggression sei ein erworbener Trieb und die Folge auf Frustration. Je größer die gegenwärtige und angesammelte Frustration, umso stärker die daraus resultierende aggressive Reaktion (vgl. Psychologieunterricht 2.Kurs). Für diese Theorie gibt es anschauliche Beispiele aus meiner Praxis: *So zum Beispiel war H. sehr frustriert, als ich sie am Abend nicht mehr aus der Gruppe gehen lies. Sie reagierte auf dieses unbefriedigte Bedürfnis aggressiv, indem sie mich anschrie und wütend ihre Zimmertüre zuknallte.*

d.   Sozial erlernte Aggressionen
(nach Albert Bandura)

Bandura geht davon aus, dass Aggression, wie viele andere Verhaltensweisen, unter dem Einfluss von Belohnungen, Bestrafungen und sozialen Normen, sowie durch Beobachtung von Modellen, erworben worden sei (vgl. Psychologieunterricht 2.Kurs). Auch diese These unterstreicht etwaige Beobachtun-gen aus meiner Praxis: *J. reagiert in Konfliktsituationen meistens sehr aggressiv (lautes Schreien, Drohungen). Wir wissen aber auch, dass J. Vater oft sehr aggressiv ist bzw. war und J. es somit in ihrer Herkunftsfamilie nicht anders erlebt und erlernt hat.*

5.2.   Ursachen für aggressives Verhalten von Kindern / Jugendlichen + Beispiele aus der Praxis

a.   Erziehungsverhalten der Eltern / Erzieher

Sowohl zu viele, wie auch zu wenige Ge- und Verbote der Eltern, Erzieher oder nahen Bezugspersonen können Aggressionen bei Kindern und Jugendlichen hervorrufen bzw. fördern. Aggressives Verhalten entsteht hierbei vor allem durch unbegründete Einschränkungen oder widersprüchliche Anwei-sungen. Außerdem löst Inkonsequenz im Erziehungsverhalten sowie das Fehlen sinnvoller Grenzen aggressives Verhalten bei Kindern und Jugendlichen aus, da ihnen ein fester Rahmen und somit soziale Orientierung fehlt. *Ein gutes Praxisbeispiel hierfür ist H., die in ihrer Herkunftsfamilie wenig Regeln und Grenzen erfahren hat. Bekommt sie nicht das was sie will, reagiert sie oft aggressiv, indem sie rumschreit und Türen knallt.* Wenn Kinder und Jugendliche in einem solchen Umfeld dann sowieso schon aggressive Verhaltensweisen zeigen, erfahren sie zudem oft noch zusätzlich negative Rückmeldung von ihren Bezugspersonen (Strafe, mangelnde Beachtung, Nörgeln) (vgl. Petermann, Döpfner & Schmidt, 2001). Dies wiederum kann beim Kind / Jugendlichen neue Aggressionen auslösen - Ein Teufelskreis beginnt!

b. *Geringes Selbstbewusstsein*

Selbstwertgefühl und Selbstbewusstsein sind nicht angeboren, sondern entwickeln sich nach und nach, je nachdem welche positiven (bedingungslose Liebe, Anerkennung,..) bzw. negativen (Enttäuschung, Verunsicherung,…) Erfahrungen man im Laufe seiner Kindheit sammeln konnte. Kinder und Jugendliche leiden heutzutage oft an mangeldem Selbstwert-gefühl. Sie versuchen die Ansprüche, welchen sie nicht genügen, durch neue Anstrengungen (z.b. Aggressionen) auszugleichen (vgl. Portmann, 2006) *Ein Beispiel aus meiner Praxis, welches diese These unterstreicht ist T.. Sie hat in der Herkunftsfamilie wenig Liebe erfahren und somit ein geringes Selbstwertgefühl entwickelt, was sie oft durch provozierendes Verhalten und Verwenden von Ausdrücken zu überspielen versucht.* Starke, selbstbewusste Kinder haben die Fähigkeit, aktiv etwas an ihrer Umwelt zu verändern. Sie kennen adäquate Problemlösungsstrategien und wissen diese auch in ihrem alltäglichem Leben einzusetzen. Wer sich selbst akzeptiert, kann außerdem besser Andere akzeptieren und mit ihnen friedlich zusammenleben (vgl. Selbstkonzept nach Rogers, Psychologieunterricht 1.Kurs). „Mangelnde Selbstsicherheit ist bei vielen Menschen mit Ängsten […] verbunden. […] Interaktive Situationen werden häufig als bedrohlich erlebt. Das Gefühl der Bedrohung kann zum Auslöser für Aggressionen […] werden, um Minderwertigkeitsgefühle und Angst unter Kontrolle zu halten. Wer anderen Angst macht, hat im allgemeinen selbst Angst und ist nicht etwa besonders stark." (Portmann, 2006, S.10).

c. *Aggressive Vorbilder*

Unter ‚aggressiven Vorbildern' verstehe ich unter diesem Punkt nicht nur die Eltern, Erzieher oder andere enge Bezugs-personen, sondern vielmehr die peer-groups, Leitfiguren aus Massenmedien und die Medien selbst. Aggressionen und Gewalt sind meines Erachtens viel zu oft in den Medien zu sehen und werden dort verharmlost. „Killerspiele", Waffen-gebrauch in Fernsehserien und Filmen oder aber auch nur die aggressive Stimmung im Fußballstadion können aggressives Verhalten bei Kindern und Jugendlichen begünstigen. Auch der Einfluss von Gleichaltrigen ist im Jugendalter enorm und überwiegt deutlich der Vorbildfunktion der Eltern / Erzieher. Gerade Cliquen und `Gangs', die sich gegen Normen und Werte der Gesellschaft stellen, sind besonders anziehend für Jugendliche. Schließt sich ein

Jugendlicher einer solchen Gruppe an, sind Gewalt und Aggressionen oft schon vorprogrammiert. *J. selbst z.B. sagte mir: „Als ich noch in N. mit den anderen rumhing, war ich viel brutaler und hab schneller mal zugeschlagen!"*

5.3. Erarbeitung in der Praxis: „Auslöser für Wut und Aggressionen erkennen"

An einem Gruppenabend habe ich mit den Jugendlichen Übungen zum Thema: Auslöser für Wut und Aggressionen erkennen, durchgeführt. Die beiden Übungen, *„Ein Bild meiner Wut"* und *„Was mich wütend macht"*, habe ich dem Buch „Spiele zum Umgang mit Aggressionen" von Rosemarie Portmann entnommen. Mir ist dabei aufgefallen, dass bei den Mädchen Hauptauslöser für Aggressionen unbefriedigte Bedürfnisse sind (zum Beispiel wenn sie nicht das bekommen, was sie wollen). Dies bestätigt wiederum die Frustrations- Aggressions- Hypothese nach Dollard et al. Ich betrachte es als äußerst wichtig, dass die Mädchen sich intensiv Gedanken gemacht haben, warum sie aggressiv werden. Einigen wurde klar, dass sich solche Auslöser im Prinzip leicht vermeiden lassen z.B. indem auf der Gruppe keiner mehr rumschreit. Das Gruppen- Wut- ABC, das wir für alle gut sichtbar im Flur aufgehängt haben, erinnert die Mädchen nun zusätzlich daran, was Aggressionen in der Gruppe auslöst und soll ihnen helfen, solche Situationen zu vermeiden.

6. Aggressionsbewältigung

6.1. Methoden zur Aggressionsbewältigung und praktische Umsetzung

An einem Gruppenabend habe ich mit den Mädchen die Vorarbeit „Was sind Aggressionen?" und „Wie entstehen Aggressionen? / Wann bin ich aggressiv?" noch einmal wiederholt und so zum Thema „Aggressionsbewältigung" übergeleitet. Gemeinsam hat die Gruppe eine Stoffsammlung gemacht, wie man Aggressionen angemessen bewältigen und abbauen kann. Zusammengefasst haben sich folgende Überpunkte ergeben, die wir an unsere Ausstellungswand hingen: SPORT, SPIEL, ENTSPANNUNG, REDEN, ABLENKEN, DAMPF ABLASSEN, SICH SELBST ETWAS GUTES TUN. Mein Ziel war es, zu erfahren, welche Arten der konstruktiven Aggressionsbewältigung die Jugendlichen kennen. Erstaunlicherweise führten die Mädchen fast alle Punkte auf, die ich in meinem Konzept geplant hatte. Der offene

Austausch in der Gruppe bot Einzelnen die Möglichkeit, Bewältigungsmethoden kennenzulernen, die sie vorher noch nicht kannten.

Im weiteren Projektverlauf, sowie auch im Alltag möchte ich diese Methoden nun mit den Mädchen erarbeiten und praktisch ausprobieren. Exemplarisch arbeite ich für diese Facharbeit zwei Übungen aus: Übungen und Interaktionsspiele als pädagogische Möglichkeit und Entspannung als Methode zum Aggressionsabbau.

a. *Das Anti-Wut-Buch*

Jedes Mädchen wird seine persönlichen Methoden herausfinden, wie es angemessen eigene Aggressionen bewältigen kann. Um sich diese Methoden bewusst zu machen und immer wieder in Erinnerung rufen zu können, gestaltete ich für jedes Mädchen ein Anti-Wut-Buch. In diesem Buch können sie nun durch Bilder, Collagen, eigene oder von mir verfasste Texte festhalten, was ihnen persönlich hilft Aggressionen abzubauen.

b. *Stärkung des Selbstbewusstseins*

Wie bereits in 4.2. b. erläutert, kann fehlendes oder geringes Selbstwertgefühl Auslöser für Wut und Aggressionen sein, deshalb führte ich mit den Mädchen eine Übung durch, die ihr Selbstbewusstsein stärken sollte. Im Anti-Wut-Buch ist die erste Seite eine von mir vorgegebene „Ich mag... Ich kann... Ich bin....-Seite". Die Jugendlichen sollten sich Gedanken zu ihren Stärken und Fähigkeiten machen und diese aufschreiben, um sich diese so bewusst zu machen. Auf der nächsten Seite ging es um „Du kannst gut.... Ich mag an dir....". Jedes Mädchen durfte den anderen einen Satz schreiben, was es an ihr besonders mag oder was sie besonders gut kann. Das Selbstwertgefühl braucht immer wieder Pflege und Unterstützung. Das Betrachten der Ergebnisse sollte die Jugendlichen dazu anregen, sich die positiven Erkenntnisse über sich selbst immer wieder ins Gedächtnis zu rufen und daraus neue Stärken zu gewinnen und das Selbstwertgefühl zu stabilisieren. Der Erfolg der Übung war sofort erkennbar: Auch Mädchen die zuvor noch Streit hatten, schrieben sich gegenseitig etwas Nettes in ihr Buch und konnten den Streit so schnell wieder vergessen. Alle hatten Spaß an der Übung und freuten sich sichtlich über ihre guten Eigenschaften und Fähigkeiten. Vor

Allem bei T., die ein negativ besetztes Selbstbild von sich hat und vielleicht gerade deshalb zu Autoaggressionen neigt, sind solche Übungen zur Steigerung des Selbstwertgefühls wichtig. Ich konnte bei ihr beobachten, dass es ihr sehr schwer fiel, etwas Positives über sich zu schreiben. Dass die anderen Mädchen ihr Komplimente in ihr Buch schrieben, berührte sie sehr. Zum Schluss gab ich den Mädchen den Tipp, wenn sie mal wieder wütend auf jemanden sind, sollen sie nachsehen was dieser in ihr Buch geschrieben hat und sich daran erinnern was sie in dessen Buch geschrieben haben. Die positiven Gefühle die dabei entstehen, können vielleicht schon den Abbau von Wut und Aggression fördern.

c. *Aggressionen abreagieren –*
die Katharsis-Hypothese

„Die **Katharsis** (griechisch κάθαρσις, „die Reinigung") bezeichnet in der Psychologie die Hypothese, dass das Ausleben von inneren Konflikten und verdrängten Emotionen zu einer Reduktion der Konflikte und Gefühle führt. Vornehmlich wird von Katharsis gesprochen, wenn durch das Ausleben von Aggressionen z. B. das Spielen von aggressiven Computer-spielen, das Ausführen eines Kampf-Sports oder das Schlagen auf einen Sandsack eine Reduktion der Aggressions-bereitschaft (Reduktion von Ärger, Wut ...) erzielt werden soll". (http://de.wikipedia.org/wik/Katharsis_Psychologie)

Diese Aussage unterstreicht die Triebtheorie nach Freud (5.1. a.), die besagt, dass Aggressionen stetig auf sozial akzeptierte Weise ausgelebt werden müssen, damit sie nicht auf sozial unakzeptierte Weise aus einem herausplatzen (vgl. Psychologieunterricht 2.Kurs). Viele Wissenschaftler umstreiten dies heute jedoch sehr. Sie behaupten, Aggressionen würden durch solche „Ventilhandlungen" erst gefördert werden. Um mir selbst eine Meinung bilden zu können, habe ich die Methode des Dampfablassens mit der Gruppe getestet. Ich forderte die Mädchen auf, bei ansteigenden Aggressionen den Boxsack in der Jugendgruppe zu verwenden. Sie sollten ihre Aggressionen an diesem herauslassen. Bisher haben mir zwei Mädchen Rückmeldung zu dieser Methode gegeben. S. und J. sagten mir, sie fühlten sich nach dem Schlagen auf den Boxsack deutlich besser. Sie hätten ein Gefühl der Erleichterung. Ich bin nun davon überzeugt, dass es hilfreich sein kann, den ersten Frust erst einmal an einem anderen Objekt, als an der Person selbst, herauszulassen. Dies hilft, überschüssige Energie loszuwerden und anschließend fällt dann vielleicht eine echte Konfliktlösung leichter. Das versuchte ich auch der Gruppe auf spielerische Weise zu verdeutlichen (siehe 6.1. d. Übungen und Interaktionsspiele als pädagogische Möglichkeit).

d. Übungen und Interaktionsspiele als pädagogische Möglichkeit

„Eine leicht zu erlernende und wenig aufwendige Möglichkeit, pädagogische Prozesse zur konstruktiven Bewältigung von Wut und Aggression in Gang zu setzen, sind Interaktionsspiele und Übungen. Spiele bieten Kindern und Jugendlichen offene Interaktionssysteme, die es ihnen ermöglichen, vielfältige Erfahrungen mit sich selbst und anderen zu machen. Sie können ihre Gefühle und Bedürfnisse mit in die Spielsituation einbringen, aktiv und selbstbestimmt handeln und die Konsequenzen ihres Handelns angstfrei erfahren." (Portmann, 1995, S. 14) Bei den von mir ausgewählten Spielen, gibt es keine Sieger oder Verlierer. Dies fördert positive soziale Prozesse. Die Mädchen können in Kontakt kommen und Beziehungen und Gefühle spielerisch aufarbeiten. Außerdem können Sie Aggressionen offen ausleben, ohne dafür sanktioniert zu werden und ohne dabei andere oder gar sich selbst zu verletzen. So lernen sie also einen Weg der angemessenen Aggressionsbewältigung kennen. Damit sie prosoziales Verhalten einüben und Konfliktlösefähigkeiten erwerben können, müssen sie zuerst lernen, die eigenen Aggressionen zu beherrschen und aggressive Impulse gegen andere kontrolliert auszuleben. Hinsichtlich dieses Zieles führte ich verschiedene Übungen und Spiele mit den Mädchen durch. Die Spiele habe ich dem Buch „Spiele zum Umgang mit Aggressionen" von Rosemarie Portmann entnommen.

Beim ersten Spiel **„Das schlechte Laune-Spiel"**, sollten die Mädchen erkennen, dass es wichtig ist, den eigenen Ärger herauszulassen bevor man andere beschimpft. Sie sollten üben, bei Wut nicht sofort auf andere loszugehen, sondern sich erst mit sich selbst auseinanderzusetzen.

Beim zweiten Spiel **„Publikumsbeschimpfung"** sollten die Mädchen folgende Überlegungen tätigen: Wie schwirig ist es Beschimpfungen ruhig über sich ergehen zu lassen, ohne sich selbst wehren zu dürfen? Traut man sich gemeinsam mit anderen schlimmere Dinge auszusprechen als alleine? Kann man bei der Umarmung zum Schluss gleich wieder gut sein? …

Beim letzten Spiel „**Gemeinsam gegen die Aggressis**" konnten die Mädchen erfahren, dass sie gemeinsam stark gegen Angriffe sein können und dass man zur Überlegenheit nicht nur körperliche Kraft braucht, sondern mindestens ebensoviel Aufmerksamkeit, Geschicklichkeit und Solidarität erforderlich sind.

Die Erfahrungen, die die Mädchen bei den Spielen machten, lies ich sie am Ende der Einheit in einem Reflexionsbogen festhalten, den sie in ihr Anti-Wut-Buch heften sollten. Sie konnten ihre Erfahrungen gut reflektieren und erkannten die wesentlichen Ziele der Spiele. Ebenso habe ich ihnen die Spielbeschreibungen ausgehändigt, um bei Bedarf die Spiele selbstständig wiederholen zu können.

e. *Sport*

Es stellt sich hier ganz klar die Frage, ob Sport Aggressionen fördert oder ob durch Sport Aggressionen abgebaut werden können? Diese Frage ähnelt der der Karthasis-Frage. Sport könnte man als ein solches Ventil zum Dampf ablassen bezeichnen. „Die Befürworter der <<Katharsis-Hypothese>> die an eine aggressionslösende Wirkung des Sports glauben, verloren in den letzten Jahren allerdings an Einfluss: Es hat sich wiederholt bestätigt, dass aggressives Handeln auch im Sport nicht zum Abbau, sondern zur Zunahme von Aggressivität führt." (Huber, 1995, S. 27) Dieser Meinung bin ich, wie bereits in 6.1. c. dargestellt, nicht. Sport kann meiner Ansicht nach eine befreiende Wirkung haben und helfen, den Frust abzubauen und nicht an seinen Mitmenschen auszulassen. Wichtig dabei ist jedoch die richtige Anleitung: Trillt beispielsweise der Sporttrainer einer Karate-Gruppe die Kinder so sehr zum `fertig machen` des Gegners, betrachte ich dies als äußerst fragwürdig und sehe es als aggressionsfördernd. Daher eignen sich für Sport zum Aggressionsabbau besonders Sportarten die nichts mit Kampfsport zu tun haben, Sportarten die die Jugendlichen alleine (ohne Partner) praktizieren können und solche, die sie jederzeit ohne großen Aufwand und ohne große Vorbereitung betreiben können. Ich habe mich dafür entschieden, der Gruppe Joggen und Inlineskaten als Sportarten zum Aggressionsabbau aufzuzeigen. An jeweils einem Sonntag war ich mit der Gruppe beim Joggen und Inlineskaten. Das Feed-back der Mädchen war eindeutig: Sie fühlten sich nach dem Sport ausgepowert und erleichtert und sie könnten sich gut vorstellen, diese Methode des Aggressionsabbaus jederzeit wieder und selbstständig anzuwenden.

f. Entspannung

Durch Entspannung werden der Aggression entgegengesetzte Gefühle hervorgerufen: Entspannung statt Anspannung. Selbstinstruktionen wie zum Beispiel „Tief durchatmen, ich lasse mich nicht provozieren!" immunisieren gegen Provokation und Angriffe und können helfen aggressive Gefühle zu vermindern bzw. abzubauen. Mit erfolgreich eingesetzten Entspannungsritualen kann Erregung und Anspannung sowie motorische Unruhe abgebaut werden, was sich auf nachfolgende Tätigkeiten sehr günstig auswirkt. Die Fähigkeit des Ruhig-Bleibens, also auch der Selbstinstruktion müssen die Mädchen jedoch noch lernen und einüben. Sie brauchen dazu noch Anleitung und deshalb habe ich mit ihnen eine Entspannungseinheit durchgeführt.Ich habe mich dabei für eine imaginative Entspannung entschieden (Geschichte des magischen Kubus), da diese eine geringe Anforderung an die Konzentration der Mädchen stellt und eine hohe Attraktivität für sie hat. Außerdem werden die Jugendlichen dazu angeregt sich ein Bild von sich selbst sowie von ihrem sozialen Umfeld zu machen. Die Geschichte eignet sich weiterhin gut, da die Methode der Entspannung durch Malen zur Musik passend hinzugezogen werden kann. Die Entspannungseinheit habe ich mit der Gruppe an einem Abend durchgeführt, an welchem sie zuvor Ärger mit anderen Jugendlichen aus dem Viertel hatten. Ich nutze die angespannte und aggressive Stimmung der Mädchen, um auszuprobieren, ob Entspannung ihnen helfen kann „runterzukommen" und die Aggressionen abzubauen. Die Mädchen ließen sich sehr gut auf die Übung ein. Sie lagen nach anfänglichen Turbolenzen ruhig da und hörten der Geschichte konzentriert zu. Im Nachhinein war die Gruppe viel ruhiger und gelassener und die Mädchen konnten entspannt zu Bett gehen.

6.2. Abschluss des Projekts

Zum Abschluss versammelte sich die Gruppe im Gang vor unserem Wandbild und wir wiederholten noch einmal alles, was wir in den letzten 6 Wochen gemacht haben. Die Mädchen sollten erzählen, was sie durch das Projekt gelernt haben. So wurde z.B. deutlich, dass einige zuvor nicht wussten was „Aggression" genau ist usw. (→ siehe III.1. Reflexion). Anschließend sollte jede berichten, welche Methode ihr am besten geholfen hat, Aggressionen abzubauen. Hier durften die Mädchen ihr Anti-Wut-Buch zur Hilfe holen. Die meisten nannten Sport als beste Möglichkeit zum

Aggressionsabbau, da diese Methode für sie leicht, effektiv und jederzeit umsetzbar ist. Auch die Entspannungseinheit hat ihnen gut gefallen und hatte starke Auswirkungen auf ihr emotionales Befinden. Die Mädchen sagten jedoch auch, dass sie dazu die Anleitung eines Erwachsenen benötigen, weil sie keine Entspannungsgeschichten kennen. Ich möchte daher ein Buch für die Gruppe kaufen, in welchem verschiedene Entspannungsgeschichten und –übungen stehen (z.B. „Die 50 besten Entspannungs-spiele" von Rosemarie Portmann). Zum Schluss lobte ich die Gruppe noch für ihre konstruktive Mitarbeit, was sie stolz machen und für die Zukunft motivieren sollte.

6.3. Präventive Aggressionsminderung: Was Erzieher tun können, um Aggressionen in der Praxis vorzubeugen

a. *Struktur geben und klare Grenzen setzen*

Kinder und Jugendliche brauchen klare Regeln und Grenzen, die ihre Erwartungen strukturieren. Wenn ein Kind weiß, dass auf nichtakzeptierte Aggressionen (Schlagen, Spucken, Schreien,…) Konsequenzen folgen, wird es sich genau überlegen ob es so reagiert oder vielleicht doch anders.

b. *Nicht-aggressives Vorbild sein*

Wie in 5.2. c. bereits erörtert, können aggressive Vorbilder Ursache für aggressives Verhalten beim Kind oder Jugendlichen sein. Es ist daher von großer Bedeutung, dass Erzieher den Jugendlichen angemessene Konfliktlösung vorleben und aggressive Verhaltensweisen wie z.B. Anschreien ablegen.

c. *Positive Verstärkung*

„Wenn sie Ihr Kind ständig kritisieren und an ihm herumnörgeln, passiert Folgendes: Ihr Kind möchte gern Aufmerksamkeit und Zuwendung. Wenn sie nun permanent für etwas, das nicht klappt, mit ihrem Kind schimpfen, erhält es Aufmerksamkeit für ein Verhalten, das noch nicht gut funktioniert. Das Kind lernt: Wenn ich etwas falsch mache, beschäftigt man sich mit mir. Wenn sie aber loben, was gut klappt, konzentrieren Sie sich auf das Positive. Das Kind lernt: Wenn ich etwas gut und richtig mache, beschäftigt man sich mit mir. In Zukunft wird es versuchen, das öfter zu tun, was gut war, um noch mehr Zuwendung zu bekommen." (Krowatschek, 2004, S. 39)

Das heißt: Wenn ich als Erzieherin die positiven Verhaltens-weisen des Kindes positiv verstärke, baut es negative Verhaltensweisen, wie eben z.b. Aggressionsausbrüche oder Wutanfälle ab bzw. entwickelt sie erst gar nicht. Eine ähnliche Methode ist die, der Verstärkerpläne (positive Verhaltensweisen werden mit Punkten belohnt – Punkte werden mit Dingen belohnt, die das Kind gerne macht z.B. Kinobesuch).

d. *Nützliche Rituale: Zuhören und miteinander sprechen*

Jedes Kind / Jugendlicher sollte regelmäßig die Gelegenheit haben mit einem Erwachsenen zu sprechen. Gespräche über Konflikte, Emotionen,… erweitern den eigenen Horizont und können helfen aggressive Handlungen zu vermeiden. Das sich Probleme von der Seele reden ähnelt dem Tagebuch schreiben. Oft ist es also besser dem Kind nur zuzuhören, denn es soll nicht das Gefühl haben verhört zu werden. Empathie und Sympathie werden dennoch durch aktives Zuhören vermittelt (vgl. Gesprächsführung P&M Unterricht 2.Kurs).

Zu einem regelmäßigen Gespräch dient das gemeinsame Abendessen oder die Zeit vor dem Schlafengehen. Hier können Rituale eingebaut werden wie z.B. „Die Friedensdose". Jedes Kind darf sich ein Bonbon aus der Friedensdose nehmen, wenn es gesagt hat: „Bei mir ist alles in Ordnung!" Wenn bei jemand nicht alles in Ordnung ist, hat er nun die Möglichkeit den Konflikt offen anzusprechen und mit Hilfe der anderen Gruppenmitglieder zu klären. Erst nach der Konfliktlösung darf sich der Betroffene ein Bonbon nehmen und kann mit ruhigem Gewissen sagen: „Bei mir ist alles in Ordnung!" (Anregung aus dem Buch „Wut im Bauch" von Dieter Krowatschek).

III. Schluss

1. Zusammenfassung / Reflexion des Projekts

Das Projekt „Aggressionen – Aggressionsbewältigung" gliederte sich in einen mehr theoretischen und einen praktischen Teil. Zunächst erarbeitete ich mit der Gruppe den Aggressionsbegriff. Was ist eigentlich Aggression? Was bedeutet dieses Wort genau, d.h. wie äußern sich Aggressionen und gegen wen oder was können sie sich richten? Hier wurde deutlich, dass einige der Mädchen den Begriff nicht richtig benennen und einsetzten konnten. Außerdem bekam ich das Feed-back von der Gruppe, dass ihnen die tatsächlichen Aggressionen im Gruppenalltag nun erst so richtig bewusst geworden seien („Wir haben nicht gewusst, dass es aggressiv ist, wenn ich einem Mädchen etwas kaputt zurückgebe!", „Wenn man ein Graffiti sprüht, dann ist das auch aggressiv?", usw.). Außerdem erarbeitete ich mit der Gruppe, was bei ihnen aggressive Gefühle auslöst. Zunächst bei jedem Einzelnen, dann bei der ganzen Gruppe gemeinsam. Die Mädchen setzten sich zum ersten Mal bewusst damit auseinander. Es wurde für alle deutlich, dass Aggressionen in der Gruppe oft durch Kleinigkeiten ausgelöst werden, die sich leicht vermeiden ließen. Der praktische Teil bestand aus den Übungen zur Aggressions-bewältigung. Hier war erkennbar, dass die Mädchen neue Erfahrungen sammeln konnten, wie Aggressionen positiv bewältigt werden können und welche Methodenvielfalt es hier gibt. Viele waren erstaunt, dass es möglich ist Aggressionen überhaupt abbauen zu können. Es wäre utopisch nun zu behaupten, dass seit dem Projekt keine Aggressionen mehr in der Gruppe herrschen. Dies kann man von Jugendlichen, die aus zerrütteten Lebensverhältnissen kommen und in der Herkunftsfamilie meist selbst nur Aggressionen erfahren haben, auch kaum erwarten. Dennoch war es von großer Bedeutung, der Gruppe die Problematik einmal klar aufzuzeigen und sie anzusprechen. Ich sehe es als Erfolg, dass die Mädchen darauf aufmerksam gemacht wurden und sich erstaunlich gut auf die Aufarbeitung einließen. Ich konnte ihnen so zumindest einen Denkanstoß geben und vielleicht nutzen sie in Zukunft die Angebote der konstruktiven Aggressionsbewältigung. Das Wandbild, das im Laufe des Projekts entstanden ist, soll noch für einige Zeit in der Gruppe hängen bleiben. Es soll die Mädchen im Alltag weiterhin an das erinnern, was wir gemeinsam besprochen, erarbeitet und geübt haben. Ebenso dient das Anti-Wut-Buch, das jedes Kind individuell für sich gestaltet hat, als Erinnerung. Die Mädchen können darin nachlesen: was sie gut können, was andere an ihnen mögen und welche Möglichkeiten es gibt Aggressionen abzubauen.

2. Literaturverzeichnis

Duden - Das Fremdwörterbuch 8.Auflage. (2005). Mannheim: Bibliographisches Institut & F.A. Brockhaus AG.

Hobmair, H., Altenthan, S., Betscher-Ott, S., Dirrigl, W., Gotthardt, W., & Ott, W. (2003). *Psychologie 3. Auflage.* Troisdorf: Bildungsverlag EINS.

Huber, A. (1995). *Aggression und Gewalt.* München: Wilhelm Heyne Verlag GmbH & Co. KG.

Krowatschek, D. (2004). *Wut im Bauch - Aggression bei Kindern.* Düsseldorf und Zürich: Patmos Verlag GmbH & Co. KG Walter Verlag.

Nolting, H.-P. (2005). *Lernfall Aggression 2.Auflage.* Reinbek bei Hamburg: Rowohlt Verlag GmbH.

Petermann, F., & Petermann, U. (1995). *Training mit aggressiven Kindern 7.Auflage.* Beltz Psychologie Verlags Union.

Petermann, F., Döpfner, M., & Schmidt, M. H. (2001). *Ratgeber Aggressives Verhalten.* Bremen, Köln und Mannheim: Hogrefe-Verlag .

Portmann, R. (1995). *Spiele zum Umgang mit Aggressionen.* München: Don Bosco Verlag.

Portmann, R. (2006). *Spiele, die stark machen 3.Auflage.* München: Don Bosco Verlag.

Psychologie und P&M Unterricht 2.Kurs FAKS.

Sommerfeld, V. (1996). *Umgang mit Aggressionen.* Luchterhand Verlag GmbH Neuwied,Kriftel, Berlin.

Wikipedia die freie Enzyklopädie. (kein Datum). Abgerufen am 25.04.2008. April 2008 von http://de.wikipedia.org/wiki/Katharsis.de